PROPOSITION DE M. GOUIN.

CONVERSION

DES

RENTES 5 POUR CENT.

Extrait du Moniteur du Commerce.

1836.

PROPOSITION DE M. GOUIN.

CONVERSION

DES

Rentes cinq pour cent.

EXTRAIT DU MONITEUR DU COMMERCE.

Au moment où la Chambre des Députés va s'occuper de la proposition de M. GOUIN, le *Moniteur du Commerce* croit devoir soumettre à MM. les Pairs et à MM. les Députés cinq articles qu'il a récemment publiés sur ce sujet.

PARIS, 21 février.

Il se distribue depuis trois jours un nouveau plan de conversion de rentes, qu'on attribue à un grand capitaliste espagnol et que voici :

« 1º Le grand-livre de la dette publique, 5 p. 100, 4 1[2 p. 100 et 4 p. 100, resterait fermé, le jour où serait promulguée la loi de conversion ;

» 2º Tout porteur d'une inscription en 5 0[0, 4 1[2 ou 4 0[0, continuerait pendant dix ans à jouir de sa rente sans réduction ni remboursement d'aucune espèce ;

» 3º Tout porteur de 5 0[0, 4 1[2 ou 4 0[0, qui voudrait se défaire de sa rente, durant cette période de dix ans, serait dans l'obligation d'accepter le remboursement au pair, ou de recevoir en échange une inscription en rente 2 0[0, avec une réduction d'un cinquième sur la rente qu'il possédait ; soit, pour 1000 fr. de rente 4 0[0, 4 1[2 ou 4 0[0, 800 fr. de rente 2 p. 0[0 ;

» 4º Cette nouvelle rente 2 0[0 ne pourrait être remboursée ni subir aucune réduction avant soixante ans ;

» 5º La rente 5 0[0 serait garantie, pendant trente ans, contre toute réduction ou remboursement ;

» 6º Les rentes 5 0[0, 4 1[2 et 4 0[0, appartenant à la caisse d'amortissement, seraient annulées comme acquises à l'état ;

» 7° L'allocation portée au budget pour la dotation de l'amortissement, serait supprimée. »

L'économie annuelle serait de 100 millions ; mais nous nous garderons bien de conseiller l'exécution d'un pareil plan.

1° Il laisse la mort, le caprice ou le besoin des porteurs de 5, de 4 1[2 et de 4, décider des époques et de l'importance des conversions et des remboursemens. Les affaires publiques ne s'accommodent pas d'un tel vague. Il faut que le trésor sache à l'avance combien de valeurs nouvelles lui seront prises, combien il lui en faudra négocier ; ce but ne peut être atteint qu'en fixant à tous les rentiers un même délai pour faire connaître leur choix, soit qu'on opère en fait sur toute leur masse à la fois, ce qui serait le plus désirable pour être parfaitement sûr que le sort de tous sera le même, soit qu'on n'ose ou qu'on ne puisse opérer qu'en divisant cette masse en séries dont le hasard désignera tous les tours. Ainsi les choses se feront bien, et c'est d'ailleurs ce que la justice réclame.

2° En créant un capital nominal de 100 pour 2, qu'on donnerait aux rentiers, de manière à leur faire 4 0[0 d'intérêt, on ôterait à l'état, pour un siècle peut-être, la faculté de réduire de nouveau cet intérêt de 4 0[0, encore très-haut. L'état ne doit pas se priver de cet avantage.

3° Les variations du jeu de la bourse portent sur le capital nominal des rentes, et chaque variation de 1 0[0 donne en ce moment, sur 3 milliards, 30 millions d'augmentation ou de diminution dans le chiffre de la fortune publique. En portant le capital inscrit à 6 milliards, chacune de ces différences serait de 60 millions, Il y a là de trop fortes perturbations pour la fortune publique et pour les rentiers paisibles. Et ces inconvéniens sont, comme on voit, trop graves pour qu'il soit permis de s'arrêter à une combinaison qui les renferme. Mais il ne faut pas qu'ils attirent la même réprobation sur toutes les parties du système dans lequel l'auteur a conçu sa combinaison.

Voici ce qu'il avance :

« 1° Tout amortissement est un mal, tant qu'un état n'a pas d'excédant de revenu ; à plus forte raison, quand il emprunte dans le même temps qu'il amortit.

» 2° Dès qu'un état a assez de crédit pour pouvoir emprunter sans constituer d'amortissement, en donnant à son emprunt un capital nominal plus élevé, il doit emprunter de cette façon.

» 3° L'élévation du capital nominal n'est pas une charge pour l'état, dès qu'il n'y a obligation ni de rembourser ni d'amortir. »

Examinons ces trois propositions ; leur appréciation nous fera ensuite trouver sans peine quel est le meilleur des plans présentés, sinon le meilleur à présenter.

L'amortissement est un mal.

Quand l'état emprunte en même temps qu'il amortit, ne vend-il pas ses rentes en gros pour les acheter en détail ? N'est-ce pas là précisément le contraire du métier dont vit le commerce ? Le contraire de ce qui enrichit le commerce, ne peut pas enrichir l'état.

En est-on arrivé à n'avoir plus besoin d'emprunts, et à ne faire, pour amortir, que maintenir les impôts existans ? La question est de savoir si tous ces impôts sont de nature à ce que la raison et la justice les approuvent. S'ils ne sont pas tels, un amortissement formé par eux fait à la société présente, par la gêne qu'il lui impose, par la consommation et la production que l'excès de ses prélèvemens arrête, plus de mal qu'il ne fait de bien à la société à venir, en lui léguant moins de charges, il est vrai, mais aussi moins de ces richesses qu'auraient créées l'industrie et l'agriculture, avec ce qu'on leur a pris. Si, au contraire, ces impôts sont tous inattaquables dans leur principe, il est encore faux de dire qu'en élevant le prix de la rente par ses rachats, l'amortissement abaisse le taux de l'intérêt dans toutes les transactions du pays, et lui rend ainsi le service de faciliter la production. Cette influence d'une hausse factice dans le cours de valeurs, dont l'intérêt n'excède guère 150 millions, et dont la partie non casée n'en donne pas 25, est au moins douteuse sur la généralité des transactions nécessaires pour faire rendre à un pays plus de cinq milliards de revenu. Cette influence ne peut être réelle et sûre qu'à la condition que la hausse dont elle émane soit causée par des excédans de capitaux sans emploi, non par des capitaux que leurs propriétaires pourraient employer, si on les leur laissait; et que dans ce cas on ne devrait leur prendre que pour les employer mieux qu'eux-mêmes, dans l'intérêt de tous.

Toute cette belle théorie des effets merveilleux de l'amortissement était bonne à mettre en avant, il y a vingt ans, dans un pays qui n'entendait rien au crédit. Il fallait de l'argent pour se débarraser de toute l'Europe, et se soustraire peut-être à un partage. Cet argent, on ne le trouvait que chez les prêteurs étrangers, et ces prêteurs exigeaient que l'on amortît. C'était une mode qu'ils suivaient, un préjugé qu'ils devaient satisfaire, sous peine de ne trouver dans le public personne qui prît un jour leur place. Il fallait bien, par force, faire l'éloge de ce qu'on ne pouvait se dispenser de demander et d'obtenir pour eux. Mais maintenant que nous avons eu vingt ans pour étudier les effets de l'amortissement en France, et que ces effets se résument pour nous en 6 ou 700 millions gagnés sur l'état par cent mille capitalistes, il est bien facile de voir si ces centaines de millions, laissés aux contribuables ou dépensés pour eux à créer toutes les communications qui leur manquent, n'auraient pas procuré à l'avenir un bien autre avantage que celui de les voir figurer de moins dans le chiffre de la dette. Dira-t-on que si nous voulons faire ces améliorations, nous pouvons maintenant, grâce à la hausse produite par l'amortissement, emprunter à meilleur marché de quoi les faire? Et le temps perdu, et les revenus qui seraient déjà produits, qui pourra les évaluer? Oui, l'amortissement est un mal, dès qu'il faut ajourner pour lui la création de tant de richesses qui, une fois acquises, nous mettraient à même de nous libérer, et sans privations et plus vite.

Constituer un capital d'emprunt très-haut, plutôt qu'un amortissement.

Ce système d'emprunt à capitaux fictifs très-élevés, est le même qu'indiquait M. Laffitte dans la séance du 27 février 1835.

« Les emprunts perpétuels avec amortissement ne sont, disait-il alors, que le dernier échelon à monter pour arriver à l'emprunt perpétuel absolu. C'est celui-ci qui est la dernière phase du crédit, c'est le but vers lequel toutes les combinaisons doivent tendre. »

M. Laffitte donne, comme on voit, à ces emprunts le nom de perpétuels au lieu de dire comme l'auteur du plan dont nous parlons « qu'ils ne seront remboursables que par réductions d'intérêts. » C'est qu'en effet ils ne seront jamais remboursables, que le capital s'en élevera toujours, et que chaque fois qu'il s'élèvera, l'état, au lieu d'une surcharge, éprouvera un dégrèvement.

La raison se refuse d'abord à comprendre qu'il puisse convenir à un état de devoir ainsi toujours, et toujours une somme plus forte. C'est que le chiffre du capital nominal préoccupe, tandis que l'état ne devant plus ni rembourser ni amortir, il n'y a vraiment plus à sa charge qu'une chose : une rente sans capital et réductible.

Qu'on veuille bien ne pas perdre cela de vue, et tout s'éclaircira sans peine.

Nous avons dit que, laissés à leurs possesseurs, ou employés par l'état à mille créations qui nous manquent, les capitaux dont nous avons doté d'amortissement produiraient plus d'augmentation dans la richesse publique que l'amortissement ne produit de diminution dans la dette. Si cette proposition n'est pas incontestable, au moins l'est-il que ces capitaux et le travail doivent produire une augmentation quelconque ; que l'augmentation des richesses amène la baisse d'intérêt, et qu'elle envoie à la Bourse des excédans qui font monter le prix de la rente. Les capitalistes savent bien cela. Entre deux rentes égales, dont l'une est prochainement remboursable au prix qu'elle vaut, l'autre sans remboursement possible, tant qu'elle ne vaudra pas une certaine somme beaucoup au-dessus du cours du jour, vous verrez toujours donner de la dernière un prix bien supérieur à la proportion du prix de la première.

Eh bien ! si pour leur rendre une rente plus chère, il suffit de montrer aux capitalistes dans le lointain une dénomination de capital élevé, non pas comme engagement de leur payer jamais ce capital, mais comme garantie pour eux, que si leur rente monte, ils jouiront sans trouble de toute sa hausse, jusqu'à la dénomination fixée, quel mal y a-t-il pour l'état à leur présenter ainsi cette rente, dont le service constitue à leur égard son unique obligation ? Évidemment il n'y en a pas ; au contraire, en suivant le même ordre d'idées, l'état pourra plus tard, pour obtenir d'eux une diminution d'intérêt, ou pour s'adresser, s'ils la refusent, à d'autres capitalistes, il pourra, disons-nous, se servir d'une dénomination encore plus élevée sans se compromettre davantage ; et à chaque opération du même genre, il réduira réellement ses charges, tout en conservant un capital nominal plus fort.

Il est vrai qu'on n'entrevoit pas dans ce système la possibilité d'une libération complète ; on n'arrive qu'à devoir une somme d'intérêts beaucoup moindre. Mais il nous semble qu'il est généralement reconnu qu'une dette n'est pas un mal pour un état. Elle entretient, dans une certaine masse de capitaux, une habitude de rapports avec l'état, qui lui donne, quand il en a besoin, le moyen d'en trouver plus encore ; et tous ces capitaux qui se lient à son sort contribuent par leur solidarité à rendre plus stable son gouvernement, et plus rares ou moins dangereuses les modifications, que, comme toute chose en ce monde, il est appelé à subir.

D'ailleurs, l'état étant de tous les débiteurs celui qui emploie le plus de capitaux, comme il en est le plus solide, puisque ses obligations engagent tout le pays, il est utile que le taux de l'intérêt fixé par lui pour la rente qu'il crée, soit toujours au-dessous du taux d'intérêt de toutes les transactions entre particuliers. Par là, le prix vénal desdites rentes tend toujours, en s'élevant, à faire baisser comme terme de comparaison, l'intérêt entre particuliers.

M. de Villèle entra bien dans ce système, quand il créa ses 3 0/0 à 75 ; mais il ne put pas faire servir ce fonds à la suppression de l'amortissement, à cause du milliard des émigrés. La révolution de 1830 est venue depuis, qui a encore obligé de sacrifier, pendant quelques années, les contribuables aux inquiétudes naturelles après un si grand événement. Il est temps maintenant de faire justice, et grâces sont dues à l'auteur de la brochure dont nous parlons, pour avoir travaillé à démontrer, mieux peut-être par l'exagération de ses idées, qu'il ne l'aurait pu faire sans elle, la possibilité d'opérer plus utilement sur une dette par des réduction successives d'intérêt, que par un amortissement.

L'élévation du capital nominal n'est rien.

Sous le rapport que nous venons d'examiner, la proposition est vraie. L'état n'est pas plus grevé en capital par une dénomination élevée, que par une dénomination faible. — Il ne l'est pas même plus en intérêt le jour qu'il traite ; car, pour rendre la chose bien sensible, 2 p. 0|0 qu'il cède à 50, ne font pas au rentier une obole de plus par an, que 3 p. 0|0 à 75 ; mais 50 est plus loin de 100 que 75 ; et pour que le 2 p. 0|0 arrive au pair, il lui faudra bien plus de temps qu'au 3 p. 0|0. L'état se sera donc privé plus long-temps de la faculté de réduction qui arrêterait le bénéfice du capitaliste. Ici, cela est clair, l'intérêt du rentier et celui du capitaliste sont opposés.

Maintenant que le système est bien étudié, cherchons-en la meilleure application.

Pourquoi notre financier a-t-il imaginé un capital nominal de 100 pour 2 ? pour être bien sûr que personne ne lui demanderait l'énorme avantage d'un amortissement plutôt que de pouvoir profiter, si le fonds monte, de toute l'importance de sa hausse jusqu'à 100. Est-il nécessaire d'offrir une latitude si énorme ? Evidemment, non. Lors de la création du 3 pour cent, il n'y avait pas assez de capitaux créés, pour que le niveau entre ceux qui se placent à la bourse et la somme de rente qu'on voulait désormais inscrire à 3 0|0, pût s'exprimer par le chiffre 75 ; 30 millions de rentes étaient créés de plus ; et ces deux circonstances réunies n'ont pas empêché les 3 0|0 de passer 80 plusieurs fois depuis 10 ans, et de s'y maintenir chaque fois long-temps de suite. Les 4 0|0 qu'un remboursement prochain menace sont à 102. L'argent s'offre à 4 0|0 sur premières hypothèques et signatures de commerce, à 3 1|2 et 3 sur signatures de banque, à 2 pour cent sur bons du trésor. 190 millions dorment à la Banque. Des Banques nouvelles s'élèvent sur différens points de la France. Entre ces indices d'abondance, ces créations qui doivent l'augmenter encore, et ces bénéfices qu'ont faits sur leur capital les porteurs de 3 pour cent actuel, en dépit des conditions de perte sous lesquelles ils avaient reçu leur titre ; à côté enfin de tant d'états qui s'occupent de réduire leur dette, comment tous les yeux n'apercevraient-ils pas la chance immédiate de profit d'un 3 pour cent nouveau, émis au même prix que l'a été l'autre ?

M. Laffitte a, nous dit-on, l'intention de proposer un fond de 3 et demi pour cent à 87 et demi, ce qui laisserait comme le 3 pour cent à 75, 4 pour cent d'intérêt aux rentiers, et aurait l'avantage de n'augmenter le capital nominal que de 12 et demi au lieu de 25. Celui de nos banquiers qui a aperçu et nationalisé le premier en France le système d'emprunt sans lequel elle eût été déchirée, qui a observé ensuite avec le plus d'attention, dans les situations les plus favorables à cet examen, la marche ascensionnelle du crédit ; qui a publié, en 1824, les observations les plus utiles sur le pas immense que dès lors il n'était pas impossible de lui faire faire ; qui a encore su nous dévancer tous, il y a un an, dans les conceptions dont nous nous entretenons aujourd'hui : cet homme, disons-nous, ne mettrait pas en avant un plan pareil, sans être sûr d'un certain nombre de capitalistes, à qui suffira, pour soutenir de leur exemple et de leur caisse la conversion générale, cette latitude de 12 et demi entre 87 et demi et 100. S'il en était ainsi, ce serait un nouveau et bien grand service qui serait dû à M. Laffitte. Car son plan aurait à la fois l'avantage de ne pas grossir la masse du 3 pour cent, de retarder moins que lui la possibilité d'une réduction nouvelle, d'amener moins d'augmentation dans les pertes et les bénéfices que cause l'agiotage, et pourtant de procurer dès à présent à l'état la même économie que du 5 ou même du 2.

Nous ne nous dissimulons d'ailleurs pas que le préjugé du bon effet de l'amortissement est loin d'être détruit dans tous les esprits de la Bourse et des chambres, comme il l'est sans retour dans le nôtre. Si la discussion ne peut pas faire triompher notre opinion sur ce point, et qu'on veuille absolument maintenir un amortissement, on pourra, en supprimant celui qui existe, laisser agir, comme amortissement, la différence d'intérêt de 5 à 4. Le dommage de rachats au-dessus de 87 et demi, ne pourra pas excéder une moyenne de 7 à 8, et l'accroissement de prospérité que, suivant ces partisans obstinés de l'amortissement, une pareille augmentation dans les prix de rachats indiquera, sera pour eux une consolation suffisante. Sans nul doute, par suite des mêmes préjugés, les rentiers aimeront autant 5 et demi à 87 et demi avec amortissement, que 5 pour cent à 75 sans amortissement, et nous aurons du moins ce dégrèvement, tandis que nous courrions grand risque de n'avoir rien du tout, en nous obstinant, pour avoir plus, à des idées encore meilleures, mais trop nouvelles.

Après cette discussion de trois modes de réduction, dans lesquels l'économie s'élève à 100, à 75, ou au moins à 50 millions, nous devrions ne point parler du plan de M. Humann, qui élève bien le capital comme les autres, puisqu'il ajoute à 100 pour 4, 8 annuités, qui valent 6 3|4 : à 100, pour 3, 26 annuités, qui valent 20. M. Humann a dit et laissé dire que son économie ne serait pas de plus de 17 millions. En vérité, ce n'est pas là une affaire qui vaille la peine de mettre en émoi tant d'intérêt.

Mais, si M. Humann consentait à prendre sur l'amortissement le service de toutes ses annuités (et il le peut), ce serait bien différent. Ainsi modifié, son système deviendrait à peu près égal au 3 1|2 et au 3; car l'économie immédiate qu'il procurerait serait de 50 millions, et après quelques années nous en aurions une autre, de 50 si on avait pris du 5, de 26 si on avait pris du 4, ou de 38 si on avait pris moitié 4 et moitié 3, outre la chance de réduire encore le 4 dès que l'intérêt serait indiqué à 3 1|2.

Et pourtant le sort du rentier, qu'il laisse maître de choisir le 4, serait encore plus beau qu'avec du 3 1|2 ou du 3, car ni l'une ni l'autre de ces valeurs à son propriétaire ne ferait plus que les annuités offertes avec du 4 à 102.

Nous voyons bien qu'au bout de quelques années ce rentier tombera brusquement de 5 0|0 à 4, et que s'il a mangé ses annuités, ce sera un grand dérangement dans son revenu. Mais n'aura-t-il pas touché là une plus-value certaine, au lieu d'attendre son bénéfice du chemin que pourra faire son titre jusqu'à un prix nominal tout idéal? Et s'il a utilement employé cette plus-value, n'aura-t-il pas fait son bien propre en faisant celui du pays? Nous avons entendu dire à quelques personnes qu'il n'était ni moral, ni bon pour les fortunes privées, de livrer au père de famille, sous une forme détachée du reste et facile à réaliser, une partie si considérable de son capital d'aujourd'hui. Soit que l'on considère ce nouveau titre comme représentant une portion de capital, ou bien des intérêts à venir, nous sommes loin de partager de telles opinions. L'état n'a point à s'occuper de sauver de leur propre imprévoyance quelques oisifs sans esprit d'ordre. C'est au moyen de multiplier, d'aider le travail, qu'il doit toute son attention.

Et sous le point de vue du travail et de la richesse publique, c'est du bien, non du mal, que feront ces annuités ; car elles auront rendu immédiatement disponibles, sous une forme de capitaux, des revenus qui n'eussent pas été réalisés avant leurs échéances successives. Or, plus il peut être créé de signes d'une richesse présente ou à venir, plus il est donné d'instrument et de mouvement à la production de nouvelles richesses. Cet avantage des annuités n'est d'ailleurs pas le seul : il est évident que le porteur de rentes à qui il en sera délivré avec ses rentes nouvelles, s'adressera à cette portion de son capital plutôt qu'à son inscription perpétuelle, pour les besoins, soit raisonnables, soit déraisonnables, qu'il éprouvera. Le prix des rentes nouvelles en sera donc plus solide; car les annuités étant d'une nature toute différente de la rente, et se rapprochant tout-à-fait de celle des bons royaux, leur plus ou moins d'offre influera beaucoup plus sur les placemens à échéance fixe comme elles, que sur le cours de la rente.

Ainsi autant ou plus d'avantage pour le rentier,

Solidité donnée au prix des fonds perpétuels,

Transformation en richesses disponibles de revenus à venir impossibles à utiliser avant leur échéance,

Voilà trois points qui permettraient de balancer entre le plan de M. Humann et les autres, s'il se liait comme eux à la suppression de l'amortissement.

On parle d'un autre plan qui se mûrirait en ce moment, tant aux finances que dans la commission, et qui consisterait à supprimer l'amortissement, en réduisant la dette à 4 1[2 0[0, capital pour capital, avec garantie qu'il n'y aurait pas de nouvelle réduction avant 10 ans. Cela est bien si les rentiers le veulent ; mais s'ils ne veulent pas, quel spéculateur voudra se charger au pair d'un effet dont la plus-value, s'il en acquiert une, sera plus près de disparaître à mesure que plus d'années se seront écoulées ? Cette nouvelle valeur ferait précisément le même mal que le 5 0[0. Comprimé comme lui, elle arrêterait par la comparaison de l'intérêt qu'elle donnerait encore, l'abaissement du loyer des capitaux dans toute la France.

Sous ce point de vue, le plan de M. Humann est moins bon que celui de M. Laffitte, puisque le capital du fonds qu'il crée n'est pas succeptible d'augmentation. L'avantage d'assurer au crédit public un nouvel essor et de faire, par ce résultat, le moins de sacrifices possible est ce qui rend la combinaison de M. Laffitte supérieure à toutes les autres.

PARIS, 28 février.

Plusieurs journaux se sont demandé en quoi le nouveau ministère pourrait se montrer plus avancé que l'ancien, après avoir si solennellement annoncé, par l'organe de son président, que ses principes seraient absolument les mêmes. On peut juger si nous avons fait un pas, d'après les déclarations de M. le président du conseil et de M. le ministre des finances, à la commission nommée pour la proposition de M. Gouin.

On n'a pas oublié que M. de Broglie reconnaissait le droit de rembourser les rentiers ou de les réduire ; mais qu'il ne trouvait ni équitable ni sûr de troubler l'existence de tant de familles ; qu'il niait surtout que le moment fût opportun ; et qu'il ne voulait s'engager pour aucune époque quelconque à reconnaître cette opportunité.

MM. Thiers et d'Argout n'ont pas seulement admis que le remboursement des rentes où leur réduction fût de droit. Ils ont accordé auss qu'il était du devoir du gouvernement de s'en occuper, maintenant qu'un changement de ministère le lui permettait, sans que les rentiers pussent se plaindre de n'être pas suffisamment avertis. Ils ont bien nié, comme M. de Broglie, l'opportunité de la mesure ; mais ils ont montré l'espérance de pouvoir être plus hardis l'année prochaine, et se sont engagés, sauf événemens assez graves pour leur servir d'excuse, et pourvu qu'il ne soit pas exigé d'eux plus de 1|2 p. 0|0 par an de réduction, à présenter à cette époque un projet de loi.

A notre avis, M. de Broglie était plus d'accord avec lui-même que ces messieurs. Si l'obstacle qu'ils aperçoivent comme lui existe, et s'ils n'ont qu'un peu plus d'espérance que lui qu'il n'existera plus l'année prochaine, leur engagement conditionnel ne vaut pas plus que son refus de s'engager ; ce n'est qu'un leurre, auquel la fixation anticipée de 1|2 pour toute réduction ajoute une absurdité. Car si rien de ce qui peut arriver dans cette année n'est clair en ce moment pour MM. Thiers et d'Argout, comment voient-ils si bien que le taux de l'intérêt auquel l'état pourra, au terme de cette année, trouver de l'argent, sera précisément celui qu'ils fixent ?

D'après ce que nous avons appris, la plupart des membres de la commission auraient été plus disposés que nous à croire à ces promesses, et M. Gouin aurait renoncé à sa proposition, en voyant beaucoup de ses collègues blâmer les annuités. M. Laffitte aurait seul insisté sur la nécessité d'une résolution immédiate, en représentant que le taux auquel le gouvernement français peut placer ses rentes est évidemment aujourd'hui à 4 0|0 ou au-dessous, qu'il n'y a jamais certitude complète qu'une année ne voie pas éclore d'événemens graves, et que dès-lors on ne doit jamais confier à l'avenir ce qu'on a dans le moment présent la possibilité de bien faire ; que là est la sagesse véritable, la véritable habileté, et non dans les remises continuelles qui exposent à faire moins bien ou à ne pouvoir plus rien du tout. Il a parlé, assure-t-on, en même temps, du projet de 5 et 1|2 p. 100, sans amortissement, auquel on nous avait dit qu'il songeait, et par lequel il propose d'entrer dans un nouveau système de crédit.

« J'exprimais, a-t-il dit, il y a plusieurs années, la pensée que nous devions tendre à n'avoir plus que des emprunts perpétuels, sans remboursement, sans rachat, sans autre mode d'extinction que des réductions d'intérêt. Le moment de réaliser cette pensée est arrivé ; et nous devons nous hâter de le saisir. Car elle a pour but de ne plus appeler de capitaux par l'élévation de l'intérêt, mais par la confiance ; de renvoyer à l'agriculture et à l'industrie tout ceux qui ont besoin de se faire un haut intérêt et qui le savent ; de n'offrir un emploi moins brillant mais plus sûr qu'à ceux qui ne savent pas ou ne peuvent pas en trouver.

» Il a fallu pour faire nos premiers emprunts, donner un intérêt de 10 p. 0|0, fonder un énorme amortissement, ajouter à cette dotation des ventes de bois. Nous pouvons maintenant emprunter à 4 p. 0|0 et sans nous obliger d'amortir. Il nous suffit pour cela de donner à nos emprunts un capital fictif assez élevé pour que nos capitalistes soient frappés d'une grande latitude entre le prix auquel on leur vendra la rente, et celui avant lequel l'état ne pourra la réduire. Hâtons-nous, puisque nous le pouvons, de sortir d'un ancien système qui nous fut imposé il y a quinze ans par les plus cruelles nécessités. Débarrassons-nous du 5 p. 0|0. Le 5 p. 0|0 une fois effacé du grand livre, rendons au pays la première portion de son héritage, *l'amortissement*, qui fut créé avec lui, et dont il est inutile de rien donner au nouveau fonds qui le remplacera. Donnons, si on le veut absolument, pour amortissement à celui-ci, ce qu'il nous sera possible de gagner entre le taux du fonds mort et le sien ; mais pas davantage ; c'est déjà trop, et je maintiens que nous pouvons nous en dispenser. Le taux auquel nous émettrons ce nouveau fonds et l'amortissement du 5 p. 0|0, qui lui restera, puisqu'il lui est promis, seront pour élever le crédit des primes plus que suffisantes.

» Il ne peut être question de la commodité ou de l'avantage que trouvent cent mille rentiers dans le maintien de l'ancien système, quand l'intérêt de 55 millions de contribuables qu'on pressure pour le soutenir, et au nom de qui nous pourons traiter bien mieux, est là qui s'impatiente et réclame.

» Il n'est pas besoin non plus, ainsi que je l'ai entendu dire, de savoir ce qu'ils voudront et de transiger avec eux. Toute la question est de savoir si on peut, aux nouvelles conditions que je propose, trouver de quoi les payer. Eh bien! pour cela il n'y a qu'à appeler tout le public, ouvrir un registre, et recevoir pour le nouveau fonds des soumissions de *tous*, en s'engageant à n'en appliquer le produit qu'à l'extinction de l'ancien, et déclarant qu'une fois la somme nécessaire remplie par des souscriptions bien solides, il n'en sera plus admis aucune. Les rentiers font partie du public; ceux d'entre eux qui voudront du 5 1|2 à un capital tel qu'ils aient au moins 4 et une chance de bénéfice, n'auront donc qu'à souscrire et pourront payer avec leurs instructions actuelles. Ceux qui ne souscriront pas, ou qui souscriront trop tard, auront ainsi tacitement fait connaître qu'ils exigent leur remboursement, et les versemens des preneurs leur seront appliqués.

» Ce registre peut être ouvert de suite, et si je ne me trompe pas dans mon appréciation du taux de l'argent, le gouvernement pourra procéder dés cette année au remboursement du 5 p. 0|0, avec bien plus de sécurité qu'il ne le ferait l'année prochaine, sans avoir ouvert de registre, les choses eussent-elles pris d'ici là le meilleur aspect du monde. Si j'ai tort, il nous sera démontré à tous que l'intérêt n'est pas encore à 4 p. 0|0, et le gouvernement pourra se borner à une réduction de 1|2 p. 0|0, sans craindre de léser les contribuables, qui doivent en définitive toujours être l'objet de sa plus vive sollicitude. »

Les idées émises par M. Laffitte sont un peu absolues, il est vrai; mais une fois le principe de la conversion admis, cette manière de procéder nous paraît la plus efficace. Plus on discutera l'opportunité de la conversion, moins la conversion sera opportune. D'ailleurs tout le mal qui résulterait du remboursement du 5 p. 0|0 est déjà fait. Ce fonds est désormais frappé de mort, puisqu'il se trouve sous la menace d'un remboursement dans un délai indéterminé.

La plupart des vues de M. Laffitte, sur le crédit public, nous paraissent justes et fécondes. C'est une raison de plus pour nous de déplorer que M. Laffitte se soit engagé dans une voie politique où il lui devient impossible de réaliser ses idées financières.

PARIS, 2 mars.

Il paraît que, dans sa réunion de mardi, la commission chargée de l'examen de la proposition de M. Gouin, s'est décidément laissé aller à donner au ministère toute une année, pour présenter à la session prochaine une réduction dans laquelle ne serait pas ôté plus de 1/2 0|0 aux rentes 5 0|0 annuelles. Cet acte de complaisance pour le ministère sacrifie cruellement tout le pays aux clameurs de quelques familles. Le rapport doit, dit-on, être lu cette semaine et énoncer qu'il y a eu unanimité sur le droit de rembourser ou de réduire les rentiers, et sur le devoir que l'intérêt des contribuables en impose au gouvernement, mais non sur l'*opportunité* que M. Laffitte a persisté à trouver flagrante, et qu'il s'est réservé de dénoncer à la tribune. Nous avons déjà déclaré nos opinions à cet égard. Plus nous allons, plus nous en acquérons de preuves, le cours du 4 0ı0 est à 104, et nous connaissons des offres de plusieurs millions sur hypothèque à 4 0ı0.

Nous apprenons maintenant qu'au projet dont nous avons rendu compte lundi en même temps que d'autres feuilles, M. Laffitte est disposé à ajouter la concession que voici:

« En même temps qu'on appellerait tout le public, y compris les rentiers, à une souscrip'ion pour du 3 1ı2 à 87 1ı2, on ouvrirait pour les rentiers seuls un second registre dans lequel s'inscriraient ceux qui voudraient du 4 1ı2 à 100, à la condition d'être convertis en 3 1ı2 également à 100 à la première mutation, soit par décès, soit par vente. Le montant des demandes contenues dans chacun des deux registres serait publié chaque jour, et aussitôt que la somme totale des rentes cinq pour cent serait couverte, les rentiers qui n'auraient souscrit d'aucun côté n'auraient plus qu'à se préparer à leur remboursement.»

Nous ne pouvons donner que des éloges à l'esprit de conciliation qui a dicté à M. Laffitte ce complément de son système. Les deux souscriptions ouvertes ensemble doivent se pousser mutuellement à une prompte clôture. Le taux de 4 1ı2 étant au-dessus de celui que le cours des 4 0ı0 actuels prouve être suffisant pour emprunter, nul ne pourra réclamer un amortissement en faveur d'un pareil fonds, et la création du 3 1ı2 étant moins considérable, M. Laffite pourra, avec plus de chances de succès, demander qu'il ne soit pas non plus créé d'amortissement pour elle, ou que du moins il n'en soit établi que pour la portion souscrite de suite. Enfin, dans une opération ainsi entamée dès aujourd'hui, le temps courra au profit de tout le monde, tandis qu'avec un ajournement au bout duquel on n'en saura pas plus qu'aujourd'hui, il aura couru en pure perte.

PARIS, 7 mars.

Parmi les journaux qui ont, comme nous, fait connaître au public les idées de M. Laffitte sur la réduction des rentes, le *Messager* du 4 de ce mois est le seul qui ait présenté quelques objections contre elles. Il blâme la faculté accordée aux rentiers de souscrire pour du 4 1ı2 à 100, tandis que le public ne serait admis qu'à souscrire pour du 3 1ı2 à 8 1ı2. Puis, sur la proposition de ne rien garder pour ce nouveau fonds, de la dotation d'amortissemedt du 5, il fait craindre que, privé d'un tel secours, ce nouveau fonds ne perde beaucoup de la faveur dont il importe d'entourer son origine.

Nous sommes surpris de pareilles réflexions. Il n'y a véritablement pas d'avantage, pour les rentiers, dans cette apparente concession de 4 1ı2 au lieu de 3 1ı2. Car ceux qui les préféreront et qui apporteront par exemple à l'appui de leur demande une inscription de 1000 fr. de rente en 5 0ı0, recevront bien pour elle 900 fr. de rente au lieu de 800 fr. seulement. Mais à la première mutation, ces 900 fr., fondus en 3 1ı2 au pair, se réduiront à 700 fr. Ainsi, à partir d'une seconde époque, ils recevront de moins par an ce qu'ils auront reçu de plus jusqu'à elle, et ils se seront en outre privés sur leur capital de toute la différence entre 87 1ı2 et 100, c'est à-dire d'un profit probable de 2857 fr. Cette somme est certainement supérieure à l'intérêt, même composé, des 100 fr. de différence que le *Messager* trouve si avantageux de toucher pendant quelques années. Tous les rentiers eussent-ils, exprès pour lui, des enfans sur la tête desquels ils pussent sans crainte placer leur rente, la durée moyenne de la vie humaine ne leur procurerait pas une jouissance assez longue pour qu'elle fût préférable à l'accroissement du capital.

De ce que nous disons là, il ne faut pas tirer la conséquence qne l'offre de M. Laffite à ces rentiers soit un piége qu'il leur a voulu tendre. Il y a bien des circonstances qui peuvent faire préférer, sans aucune duperie, une jouissance annuelle plus forte à une *chance* d'augmentation dans le capital. C'est à ces circonstances que M. Laffite a voulu faire une part, et puisque l'option est laissée, rien n'est si franc et si loyal qu'une pareille offre.

Quant au danger qu'il y a pour le cours des nouvelles rentes à ne pas leur allouer d'amortissement, nous allons, pour le faire apprécier, montrer à quoi se réduit, sur le prix vénal des rentes, la puissance de ces rachats continuels dont on a fait, jusqu'à présent, une chose si merveilleuse.

Le prix des rentes se fixe par la quantité d'argent opposée à leur quantité. Si en présence de rentes pour un capital nominal de 10 millions, il n'existe ou ne vient au marché que 5 millions en argent, le prix est 50; s'il en vient 6, le prix est 60, et ainsi de suite. C'est un niveau qui monte ou descend suivant l'abondance ou la rareté des capitaux. Or, quel amortissement a-t-on adopté en principe comme levier indispensable à la hausse ou à l'extinction de rentes ? 1 0[0. Supposons que cet amortissement soit seul à acheter des rentes, quel peut-être son effet ? 1 0[0 de plus dans le chiffre qui exprime le niveau. Les porteurs de 5 0[0 seraient-ils où ils en sont si le prix de leur titre ne s'était élevé annuellement que de 1 0[0 depuis sa création ? Dès 1824, c'est-à-dire sept ans après nos premiers emprunts, qui avaient été faits à 54, le cours du 5 0[0 était au pair, tandis qu'avec l'amortissement seul ils n'auraient atteint que 61. N'est-il pas évident que les véritables causes d'une si grande hausse ont été l'abondance des capitaux que produit ordinairement la paix, la confiance qu'inspirent l'exactitude dans les paiemens et la publicité des comptes ?

Dira-t-on que, sans la certitude que l'état se libérerait avec le temps, les capitaux créés par la paix ne seraient pas venus se placer dans les fonds publics ? Cela a pu être vrai quand on n'avait en France aucune idée de crédit. Mais depuis qu'il est dans nos mœurs, les rentes se sont élevées à chacun des emprunts que nous avons faits, et pourtant notre libération finale s'est d'autant plus éloignée. C'est qu'un capitaliste, quand il pense à entrer dans un fonds au-dessous de son prix nominal, ne s'occupe nullement de l'époque où le gouvernement sur lequel il place le remboursera. Il ne considère que deux choses : L'intérêt que lui rapportera son argent et le prix auquel il pourra trouver des acheteurs qui prennent sa place, quand il voudra vendre. — Si le gouvernemeut lui paraît sage et la paix publique assurée, il conçoit de bien autres espérances vraiment que celles d'un pour cent d'augmentation par an dans le capital qu'il emploie. Si l'avenir est menacant ou si le gouvernement le mécontente, il va en fait de craintes bien autrement vite qu'il n'allait dans ses epérances. Certes l'amortissement ne le calme pas. Demandez-lui s'il y pense !

Avant de parler de ce peu d'effet de l'amortissement quant au rentier nous avons déjà, dans notre numéro du 22 février, indiqué une partie de ses inconvéniens pour l'état, et nous espérons bien avoir fait reconnaître à tous, que, si nous avions employé depuis vingt ans une soixantaine de millions par an, à créer les moyens de production ou de communication qui nous manquent, ou si nous avions laissé dans les mains des contribuales pour leur culture ou leur commerce tout cet argent dont nous les avons dépouillés, le pays aurait gagné, au mouvement naturel des richesses, un capital au moins aussi considérable que celui des rentes rachetées. Mais nous n'avons pas assez fait remarquer combien ce tort que le gouvernement a fait au pays serait plus absurde et plus à éviter pour l'avenir. Si ce qu'on dit de la hausse que produit l'amortissement était exact il aurait dans ce cas commis la faute de causer lui-même les différences de prix qu'il a subies, tandis qu'il doit s'en consoler par l'idée de la prospérité générale, qui, dans la vérité, en a été, si ce n'est la seule cause, du moins la plus influente.

PARIS, le 17 mars.

Avant d'examiner à fond le rapport de M. Lacave-Laplagne, nous avons voulu connaître l'effet qu'il aurait produit dans le public. A l'exception du *Journal des Débats*, dont les articles sur la matière sont devenus tels qu'il n'y a plus, pour en faire voir le faux, qu'à en recommander la lecture, tout le monde nous paraît trouver irrésistible cette longue série d'argumens et de faits par lesquels M. Laplagne a démontré que le gouvernement avait le droit de rembourser les rentes, et que son devoir était de les rembourser ou de les réduire, du moment qu'il pouvait emprunter à meilleur marché. Sous ce point de vue, son travail vraiment remarquable aura rendu un immense service, car l'intérêt privé aveuglait bien des gens de bonne foi. Mais tout le monde aussi, excepté les porteurs de 5 0/0, nous paraît choqué, comme nous, de l'énorme contradiction qu'il y a entre de pareilles prémices et une conclusion à l'ajournement. On sait d'ailleurs que M. Thiers est venu faire des tentatives dans le sein de la commission, avant la lecture du rapport, pour affaiblir, en rappelant la prérogative royale, l'engagement qu'il avait pris, sans réserve, de présenter une loi de réduction au commencement de la session prochaine. Comme s'il ne s'était pas déjà présenté vingt circonstances où les ministres ont obtenu délai des chambres, en prenant des engagemens, sans mettre en cause la prérogative royale ! Il faut convenir qu'en circonstance pareille, la candeur du *Constitutionnel* lui-même n'est pas de trop pour proclamer un pas immense entre le ministère précédent qui ne promettait rien et le ministère actuel qui promet un projet de loi, sauf d'abord la prérogative royale, puis sauf des événemens dont il s'expliquera devant les chambres, mais *en se réservant d'en être le juge*. Aussi on n'a généralement vu dans cette promesse de M. Thiers qu'un faux-fuyant, une fin de non-recevoir, et dans les conclusions de M. Lacave-Laplagne, qu'un acte de complaisance pour le ministère, qui sacrifie complètement le pays. Sous les fausses couleurs dont on pare ce délai d'une année, il est trop évident qu'il n'y a rien qu'une incroyable paresse à laquelle on s'est livré au lieu d'étudier la question, depuis que la situation des affaires publiques et l'opinion l'indiquaient, ou bien encore la vanité de ne point exécuter les bonnes idées qui viennent d'ailleurs, quand on n'en a pas soi-même. Quel individu, doué de la clairvoyance la plus commune, peut en douter ? Tout-à-l'heure nous prendrons une à une, les excuses données au nom de la commission, par M. Lacave-Laplagne ; mais il est bon de faire d'abord remarquer dans son rapport une chose importante : c'est qu'en se proposant, pour les résoudre, plusieurs questions sur la quotité de la réduction à faire et sur le moment le plus convenable à saisir, la commission n'a pas voulu se faire d'opinion avant d'avoir entendu les ministres. — Ce sont le ministres qui sont venus lui exprimer les craintes de leurs prédecesseurs, et leurs propres désirs.

Ces craintes étaient qu'une réduction d'un 5e dans le revenu des rentiers n'eût de graves conséquences ; qu'une création de 4 pour cent ne fût dangereuse pour le crédit ; que le gouvernement ne perdît pendant l'opération la liberté de ses mouvemens ; qu'à peine remis d'une guerre d'opinions, il ne fût ébranlé par une guerre d'intérêts. Toutes ces craintes sont vagues, comme on voit, et prouvent, par leur énonciation même, l'absence de toute discussion.

Les désirs des nouveaux ministres sont que la réduction de l'intérêt ne soit pas de plus que 1|2 p. o|o, parce que de cette façon le dommage pour les rentiers et le danger pour le crédit seront moindres de moitié que ceux d'une réduction de un pour cent; — que cette réduction même ne soit irrévocablement prononcée que dans la session prochaine, celle-ci étant trop avancée pour faire un projet de loi, et la réserve de l'amortissement dont on a besoin pour offrir le remboursement à ceux qui ne voudront pas être réduits, étant jusqu'en 1838 affectée au remboursement d'une partie de la dette flottante.

Ces désirs seraient fort naturels de la part de l'ancien cabinet. Ils sont la conséquence de ses craintes, et s'il n'eût espéré faire reculer la chambre élective par des refus tranchés et par la déclaration positive qu'il se retirerait plutôt que de céder, c'est là ce qu'il eût à lui dire avec tous les avantages de sa loyauté et de son système. Mais que celui qui lui succède, à la condition de faire mieux que lui, puisse éluder la question en promettant, et en promettant de faire moins peut-être que l'autre eût fait plus tard, sans avoir rien promis, c'est ce qu'une chambre élective qui a renversé un ministère ne peut souffrir, sans faire voir au pays que le vote fatal à ce ministère à été le résultat des combinaisons d'intérêt personnel les plus mesquines, non pas le résultat d'un dévoûment sincère aux intérêts généraux.

Que penser d'ailleurs de ce manque de t emps pour faire une loi; de cette volonté de ne réduire qu'à 4 1|2; de ce besoin des fonds de l'amortissement pour arriver à une mince réduction? Un bon projet de loi, qui répond en tout aux vœux que la commission exprime, est tout prêt ; ce projet, sans obliger les rentiers à accepter une réduction, les place tous à la fois, par le moyen le plus légitime, par la concurrence de nouveaux capitaux, dans une situation telle, qu'ils n'auront rien de si pressé que de se soumettre ;la somme de capitaux nécessaire est toute trouvée, *sans compagnie*, soit par des fonds qui ne peuvent trouver chez les notaires de placemens hypothécaires à plus de 4, soit par les fonds de nombreux capitalistes qui, dès que la réduction prononcée en verrait d'autres sommes se joindre aux leurs, sont prêts, soit par spéculation, soit comme exemple utile pour leurs projets d'industrie, à se jeter, dans les premiers momens, sur le nouveau fond qui sera créé. La foi de ces capitalistes dans le crédit est telle que, non seulement, le versement de leur argent rendra inutile l'intervention des réserves de l'amortissement, mais qu'une augmentation de capital *fictif* minime, leur suffira pour dispenser l'état de tout fond d'amortissement. L'économie d'un pareil sysiéme adopté de suite, est non pas de quelque 12 millions, comme un dixième d'intérêt, dans la dette, mais de 24 millions dans le payement de cet intéret, et de plus de 52 millions dans les dépenses annuelles d'armortissement.

Enfin, indépendamment de tout cela, 12 millions accumulés au 1er janvier dernier dans les caisses de l'amortissement peuvent servir au remboursement du 4 1/2, remboursement qui, d'après la loi de 1825, devait avoir lieu depuis l'année dernière, et qui, au moyen des sommes déjà rachetées, ne nécessite précisément que ces 12 millions.

Nous avons déjà indiqué une partie de ces circonstances, mais nous n'avons pas dit qu'elles ont été portées à la connaissance de M. le ministre des finances; que l'offre de tout réaliser par des engagemens positifs et solides lui a été faite, et qu'il a aussi positivement refusé toute preuve de cette nature, sans doute pour prétendre encore que le taux de l'intérêt n'est pas connu ; qu'il faut du temps pour s'en rendre compte, du temps pour faire des projets, du temps pour tout. Il est bon que ces détails soient signalés d'avance par la presse, en attendant que le ministre se présente à la tribune, où il tâchera peut-être d'étouffer la discussion. L'opinion ainsi avertie, la chose lui sera moins facile.

Voyons maintenant avec M. de la Plague, pourquoi la commission s'est décidée à n'examiner que la proposition d'ajournement des ministres, au lieu d'entrer dans la discussion de la proposition de M. Gouin.

« La commission, dit-il, a pensé qu'en lui renvoyant la proposition de M. Gouin, la chambre n'a voulu provoquer qu'un travail qui facilitât l'exécution de la mesure, nullement une recherche du meilleur moyen d'y parvenir. »

Il nous semble que, si la chambre n'avait pas voulu l'examen de la proposition Gouin, elle ne l'aurait pas prise en considération, et n'aurait pas désigné des commissaires tout exprès pour lui en rendre compte. Elle aurait seulement demandé une enquête sur le droit de l'état envers les porteurs de 5 p, o|o, ou plutôt elle n'aurait rien demandé. Car malgré les dénégations de quelques parties intéressées, ce droit avait été assez bien établi par la discussion de 1824 pour que les argumens qui n'eussent laissé aucun doute à cet égard se présentassent facilement à la tribune, sans avoir besoin des recherches préparatoires d'une commission. Elle a nommé une commission pour l'examen de la proposition ; donc elle a voulu que si, telle qu'elle a été faite ou telle qu'un examen attentif pourrait la faire amender, cette proposition rendait la réduction possible, on le lui dit. En ne s'en occupant pas du tout, MM. les commissaires ont complétement perdu de vue le mandat qui leur était confié.

« La commission, dit encore M. de la Plagne, a bientôt reconnu que, pour qu'une opération de cette nature réussisse, il faut que tous ses détails émanent du cabinet, afin que ceux qu'elle contrarie soient bien convaincus qu'il la veut. »

Il nous semble que, pour inspirer une résignation complète à ceux qui se prétendent lésés, l'initiative de la chambre élective, c'est-à-dire des représentans que le pays nomme, doit être d'un résultat beaucoup plus assuré que l'initiative d'un ministère.

« Enfin, dit-il pour finir, l'assistance de compagnies pourrait être nécessaire, et dès lors il doit y avoir des rapports réciproques entre les arrangemens à prendre et les conditions proposer. »

Pour le coup, c'est jeter au pays des paroles trop vides de sens. Qu'une mesure ait été proposé par une chambre ou par un ministère, n'est-ce pas toujours à celui-ci que l'exécution est confiée, lorsqu'elle doit donner lieu à des traités ? En quoi, sous ce rapport, cette affaire-ci diffère-t-elle des autres ?

Il faut convenir que voilà de belles considérations, pour ne point s'occuper de propositions dont le seul examen eût résolu toutes les difficultés présentées à la commission par les ministres. Actuellement pourquoi ne déclare-t-elle pas à la chambre que les ministres devraient, à son avis, s'en occuper ! D'un côté, parce qu'il ne faut pas que les ministres en se hâtant inspirent un préjugé fâcheux contre leur prudence ; de l'autre, parce que d'ici au commencement de 1838, tout l'amortissement sera disponible, et qu'il y aura dans les caisses du trésor peut-être 300 millions de plus par les placemens des communes, des établissemens publics et des caisses d'épargnes.

La prudence ne se prouve pas, en fait de grandes affaires, par le tems qu'on laisse passer en pure perte sans y songer, mais par une extrême attention à en étudier toutes les parties aussitôt qu'elles se présentent. Nous répétons, quand à l'amortissement et aux placemens des communes et autres, ce que nous avons déjà dit: c'est que le taux de l'intérêt est si bien 4 0|0 ou moins, que ces forces-là sont complétement inutiles. Nous ne trouvons dans leur énonciation qu'une preuve nouvelle du peu de soin avec lequel se traitent toutes les affaires. En parlant de placemens de communes qui n'obtiennent que 4, 0|0 au plus, et d'ouvriers à qui l'on ne s'est pas décidé sans discussion à assurer, par grâce, ce taux de 4, des hommes réfléchis auraient pensé qu'il était d'une iniquité révoltante de vouloir assurer 4 1|2 à une classe plus riche que les travailleurs. Ils auraient vu aussi, que dans 18 mois, et quand toutes ces nouvelles accumulations de capitaux auront eu lieu, à moins de guerre, le taux de l'intérêt sera devenu, non plus 4, mais 3 1|2; qu'il y a par conséquent absurdité, en reculant la réduction jusqu'à cette époque, à s'engager à ce qu'elle n'excède pas 1|2 p. 0|0. Au lieu de ces concessions que ni ministère ni chambre n'ont droit de faire pour l'avenir, dès qu'ils ne fixent ni le mode ni l'époque, ils se seraient servis de cette perspective d'accroissement d'économies, pour faire désirer aux porteurs de 5 p. 0|0 que l'opération soit immédiate, au lieu de les soutenir dans leur désir qu'elle soit retardée. Ils n'auraient pas articulé une promesse vaine, s'ils ne peuvent l'exécuter, préjudiciable au pays, s'ils peuvent mieux faire pour lui; et ils auraient été conséquens avec ce qu'ils auraient dit des caisses d'épargne et des communes. Car les placemens ne peuvent s'accroître ainsi sans que l'intérêt baisse; et puisqu'il est à 4 aujourd'hui, ce n'est pas, encore une fois, à 4 1|2 qu'il doit être dans 18 mois.

9 782013 192149